I'm so grateful that …
Today is great because …
I'm blessed with …
Thanks …
I love …
I'm thankful for …
I appreciative of …
What a wonderful surprise to discover …
Thank you …

And write it down. Don't put it off. Start today. It doesn't have to be a Monday or the first day of the month. It doesn't even have to be every day (although if you can do it every day for about 30 days, it will become more of a positive habit than a forced task) and it only takes a few minutes.

And, when should you write in this journal? That's up to you. Some people keep it by their bed and start their day with an entry. Some people carry it with them and make notations when a thought strikes them. Some people keep it by a favorite place to sit and then write when they have a quiet moment. Some people start and end their day with an entry. The point is: the small details really don't matter; what matters is taking some time out of your day for gratitude.

> *"Every night before I go to sleep I say out loud three things that I am grateful for, all the significant, insignificant, extraordinary, ordinary stuff of my life. It is a small practice and humble, and yet, I find I sleep better holding what lightens and softens my life ever so briefly at the end of the day."* – Carrie Newcomer

And once you start taking some time to consider all you have to be grateful for and count your blessings, you will find that good things start to happen.

> *"You simply will not be the same person two months from now after consciously giving thanks each day for the abundance that exists in your life."* – Sarah Ban Brethnach

Interestingly, this is more than just a spiritual exercise, there is hard scientific evidence that, according to clinical psychologist Melanie Greenburg, Ph.D., practicing gratitude can activate "positive emotion centers in the brain" and, with regular practice "can change the way our brain neurons fire into more positive automatic patterns."

> *"What I've learned is there's a scientifically proven phenomenon that's attached to gratitude, and that if you consciously take note of what is good in your life, quantifiable benefits happen."* – Deborah Norville

Welcome to your Gratitude Journal ... the start of a simple exercise that, when consistently repeated, will have profound influence on all aspects of your life.

> *"Gratitude shifts your focus from what your life lacks to the abundance that is already present. In addition, behavioral and psychological research has shown that giving thanks makes people happier and more resilient, it strengthens relationships, it improves health, and it reduces stress."* – Marelisa Fábrega

Enjoy the process of and the results from adding the practice of gratitude to your life.

Day: _____   Date: _____ / _____ / _____

Today I am *Grateful* for _____

_____

_____

_____

_____

_____

_____

"When we give cheerfully and accept gratefully,
everyone is blessed." *Maya Angelou*

Day: _____   Date: _____ / _____ / _____

Today I am *Grateful* for _____

_____

_____

_____

_____

_____

_____

Day: _____ Date: _____ / _____ / _____

Today I am *Grateful* for _____

_____

_____

_____

_____

_____

"Enjoy the little things, for one day you may look back
and realize they were the big things." *Robert Brault*

Day: _____ Date: _____ / _____ / _____

Today I am *Grateful* for _____

_____

_____

_____

_____

_____

Day: _____   *Date:* _____ / _____ / _____

Today I am *Grateful* for _____

_____

_____

_____

_____

_____

_____

> "Gratitude, the ability to count your blessings, is the
> ultimate way to connect with the heart." *Baptist de Pape*

Day: _____   *Date:* _____ / _____ / _____

Today I am *Grateful* for _____

_____

_____

_____

_____

_____

_____

Day: _____ *Date:* _____ / _____ / _____

Today I am *Grateful* for _____

_____

_____

_____

_____

_____

_____

"If the only prayer you said was thank you,
that would be enough." *Meister Eckhart*

Day: _____ *Date:* _____ / _____ / _____

Today I am *Grateful* for _____

_____

_____

_____

_____

_____

_____

Day: _____ *Date:* _____ / _____ / _____

Today I am *Grateful* for _____

_____

_____

_____

_____

_____

_____

"The height of our success is marked at
the depth of our gratitude." *Terry Crouson*

Day: _____ *Date:* _____ / _____ / _____

Today I am *Grateful* for _____

_____

_____

_____

_____

_____

_____

Day: _____   Date: _____ / _____ / _____

Today I am *Grateful* for _____

_____

_____

_____

_____

_____

"When you are grateful, fear disappears and
abundance appears." *Anthony Robbins*

Day: _____   Date: _____ / _____ / _____

Today I am *Grateful* for _____

_____

_____

_____

_____

_____

Day: _____   *Date:* _____ / _____ / _____

Today I am *Grateful* for _____

_____

_____

_____

_____

_____

_____

"Each moment of gratitude awareness reveals the
total beauty which surrounds you." *Bryant McGill*

Day: _____   *Date:* _____ / _____ / _____

Today I am *Grateful* for _____

_____

_____

_____

_____

_____

_____

Day: _____   Date: ____ / ____ / ____

Today I am *Grateful* for _____

_____

_____

_____

_____

_____

> "The reason that so many fail to find happiness is that
> they fail to find gratitude." *Rasheed Ogunlaru*

Day: _____   Date: ____ / ____ / ____

Today I am *Grateful* for _____

_____

_____

_____

_____

_____

Day: _____ Date: _____ / _____ / _____

Today I am *Grateful* for _____

_____

_____

_____

_____

_____

_____

"Gratitude is the heart's first language." *Joey Garcia*

Day: _____ Date: _____ / _____ / _____

Today I am *Grateful* for _____

_____

_____

_____

_____

_____

_____

Day: _____ Date: _____ / _____ / _____

Today I am *Grateful* for _____

_____

_____

_____

_____

_____

"The deepest craving of human nature is
the need to be appreciated." *William James*

Day: _____ Date: _____ / _____ / _____

Today I am *Grateful* for _____

_____

_____

_____

_____

_____

Day: _____   Date: _____ / _____ / _____

Today I am *Grateful* for _____

_____

_____

_____

_____

_____

_____

"Whatever you appreciate and give thanks for
will increase in your life." *Sanaya Roman*

Day: _____   Date: _____ / _____ / _____

Today I am *Grateful* for _____

_____

_____

_____

_____

_____

_____

Day: _____ Date: _____ / _____ / _____

Today I am *Grateful* for _____

_____

_____

_____

_____

_____

_____

"When I started counting my blessings,
my whole life turned around." *Willie Nelson*

Day: _____ Date: _____ / _____ / _____

Today I am *Grateful* for _____

_____

_____

_____

_____

_____

Day: _____ Date: _____ / _____ / _____

Today I am *Grateful* for _____

_____

_____

_____

_____

_____

_____

_____

"An attitude of gratitude brings great things."
Yogi Bhajan

Day: _____ Date: _____ / _____ / _____

Today I am *Grateful* for _____

_____

_____

_____

_____

_____

_____

Day: _____   *Date:* _____ / _____ / _____

Today I am *Grateful* for _____

_____

_____

_____

_____

_____

_____

"Amazement + Gratitude + Openness + Appreciation
= an irresistible field of energy" *Frederick Dodson*

Day: _____   *Date:* _____ / _____ / _____

Today I am *Grateful* for _____

_____

_____

_____

_____

_____

_____

Day: _____   Date: _____ / _____ / _____

Today I am *Grateful* for _____

_____

_____

_____

_____

_____

"Gratitude shouldn't be an occasional incident but a
continuous attitude." *Anthony Nyuiemedy-Adiase*

Day: _____   Date: _____ / _____ / _____

Today I am *Grateful* for _____

_____

_____

_____

_____

_____

Day: _____   Date: _____ / _____ / _____

Today I am *Grateful* for _____

_____

_____

_____

_____

_____

_____

"It is impossible to feel grateful and depressed
in the same moment." *Naomi Williams*

Day: _____   Date: _____ / _____ / _____

Today I am *Grateful* for _____

_____

_____

_____

_____

_____

Day: _____   Date: _____ / _____ / _____

Today I am *Grateful* for _____

_____

_____

_____

_____

_____

_____

"If you want to turn your life around, try thankfulness.
It will change your life mightily." *Gerald Good*

Day: _____   Date: _____ / _____ / _____

Today I am *Grateful* for _____

_____

_____

_____

_____

_____

_____

Day: _____   *Date:* _____ / _____ / _____

Today I am *Grateful* for _____

_____

_____

_____

_____

_____

_____

"Gratitude and attitude are not challenges;
they are choices." *Robert Braathe*

Day: _____   *Date:* _____ / _____ / _____

Today I am *Grateful* for _____

_____

_____

_____

_____

_____

_____

Day: _____   Date: _____ / _____ / _____

Today I am *Grateful* for _____

_____

_____

_____

_____

_____

_____

"Gratitude is when memory is stored in the heart
and not in the mind." *Lionel Hampton*

Day: _____   Date: _____ / _____ / _____

Today I am *Grateful* for _____

_____

_____

_____

_____

_____

_____

Day: _____   Date: _____ / _____ / _____

Today I am *Grateful* for _____

_____

_____

_____

_____

_____

_____

"Gratitude is the vitamin of the soul."
Angie Karan Krezos

Day: _____   Date: _____ / _____ / _____

Today I am *Grateful* for _____

_____

_____

_____

_____

_____

Day: _____   Date: _____ / _____ / _____

Today I am *Grateful* for _____

_____

_____

_____

_____

_____

_____

"If you count all your assets, you always show a profit."
Robert Quillen

Day: _____   Date: _____ / _____ / _____

Today I am *Grateful* for _____

_____

_____

_____

_____

_____

_____

Day: _____   *Date:* _____ / _____ / _____

Today I am *Grateful* for _____

_____

_____

_____

_____

_____

"The best way to be positive and happy is
to be in gratitude all the time." *Vishwas Chavan*

Day: _____   *Date:* _____ / _____ / _____

Today I am *Grateful* for _____

_____

_____

_____

_____

_____

Day: _____ Date: _____ / _____ / _____

Today I am *Grateful* for _____

_____

_____

_____

_____

_____

"Gratitude is not only the greatest of virtues,
but the parent of all others." *Marcus Tullius Cicero*

Day: _____ Date: _____ / _____ / _____

Today I am *Grateful* for _____

_____

_____

_____

_____

_____

Day: _____   *Date:* _____ / _____ / _____

Today I am *Grateful* for _____

_____

_____

_____

_____

_____

"God gave you a gift of 86,400 seconds today. Have you
used one to say thank you?" *William Arthur Ward*

Day: _____   *Date:* _____ / _____ / _____

Today I am *Grateful* for _____

_____

_____

_____

_____

_____

Day: _____   Date: _____ / _____ / _____

Today I am *Grateful* for _____

_____

_____

_____

_____

_____

_____

"Gratitude builds a bridge to abundance." *Roy Bennett*

Day: _____   Date: _____ / _____ / _____

Today I am *Grateful* for _____

_____

_____

_____

_____

_____

_____

Day: _____   *Date:* _____ / _____ / _____

Today I am *Grateful* for _____

_____

_____

_____

_____

_____

"This is a wonderful day. I've never seen
this one before." *Maya Angelou*

Day: _____   *Date:* _____ / _____ / _____

Today I am *Grateful* for _____

_____

_____

_____

_____

_____

Day: _____ Date: _____ / _____ / _____

Today I am *Grateful* for _____

_____

_____

_____

_____

_____

"When we give cheerfully and accept gratefully, everyone is blessed." *Maya Angelou*

Day: _____ Date: _____ / _____ / _____

Today I am *Grateful* for _____

_____

_____

_____

_____

_____

Day: _____   *Date:* _____ / _____ / _____

Today I am *Grateful* for _____

_____

_____

_____

_____

_____

_____

"Enjoy the little things, for one day you may look back
and realize they were the big things." *Robert Brault*

Day: _____   *Date:* _____ / _____ / _____

Today I am *Grateful* for _____

_____

_____

_____

_____

_____

_____

Day: _____ Date: _____ / _____ / _____

Today I am *Grateful* for _____

_____

_____

_____

_____

_____

_____

"Gratitude, the ability to count your blessings, is the
ultimate way to connect with the heart." *Baptist de Pape*

Day: _____ Date: _____ / _____ / _____

Today I am *Grateful* for _____

_____

_____

_____

_____

_____

_____

Day: _____ Date: _____ / _____ / _____

Today I am *Grateful* for _____

_____

_____

_____

_____

_____

"If the only prayer you said was thank you,
that would be enough." *Meister Eckhart*

Day: _____ Date: _____ / _____ / _____

Today I am *Grateful* for _____

_____

_____

_____

_____

_____

Day: _____ *Date:* _____ / _____ / _____

Today I am *Grateful* for _____

_____

_____

_____

_____

_____

_____

"The height of our success is marked at
the depth of our gratitude." *Terry Crouson*

Day: _____ *Date:* _____ / _____ / _____

Today I am *Grateful* for _____

_____

_____

_____

_____

_____

_____

Day: _____   Date: ____ / ____ / ____

Today I am *Grateful* for _____

_____

_____

_____

_____

_____

"When you are grateful, fear disappears and
abundance appears." *Anthony Robbins*

Day: _____   Date: ____ / ____ / ____

Today I am *Grateful* for _____

_____

_____

_____

_____

_____

Day: _____   Date: _____ / _____ / _____

Today I am *Grateful* for _____

_____

_____

_____

_____

_____

_____

"Each moment of gratitude awareness reveals the
total beauty which surrounds you." *Bryant McGill*

Day: _____   Date: _____ / _____ / _____

Today I am *Grateful* for _____

_____

_____

_____

_____

_____

Day: _____   Date: _____ / _____ / _____

Today I am *Grateful* for _____

_____

_____

_____

_____

_____

_____

"The reason that so many fail to find happiness is that
they fail to find gratitude." *Rasheed Ogunlaru*

Day: _____   Date: _____ / _____ / _____

Today I am *Grateful* for _____

_____

_____

_____

_____

_____

_____

Day: _____   Date: _____ / _____ / _____

Today I am *Grateful* for _____

_____

_____

_____

_____

_____

_____

"Gratitude is the heart's first language." *Joey Garcia*

Day: _____   Date: _____ / _____ / _____

Today I am *Grateful* for _____

_____

_____

_____

_____

_____

Day: _____   Date: _____ / _____ / _____

Today I am *Grateful* for _____

_____

_____

_____

_____

_____

"The deepest craving of human nature is
the need to be appreciated." *William James*

Day: _____   Date: _____ / _____ / _____

Today I am *Grateful* for _____

_____

_____

_____

_____

_____

Day: _____   Date: _____ / _____ / _____

Today I am *Grateful* for _____

_____

_____

_____

_____

_____

_____

> "Whatever you appreciate and give thanks for
> will increase in your life." *Sanaya Roman*

Day: _____   Date: _____ / _____ / _____

Today I am *Grateful* for _____

_____

_____

_____

_____

_____

_____

Day: _____   *Date:* _____ / _____ / _____

Today I am *Grateful* for _____

....

....

_____

....

_____

....

"When I started counting my blessings,
my whole life turned around." *Willie Nelson*

Day: _____   *Date:* _____ / _____ / _____

Today I am *Grateful* for _____

....

....

....

_____

....

_____

Day: _____   Date: _____ / _____ / _____

Today I am *Grateful* for _____

_____

_____

_____

_____

_____

"An attitude of gratitude brings great things."
Yogi Bhajan

Day: _____   Date: _____ / _____ / _____

Today I am *Grateful* for _____

_____

_____

_____

_____

_____

Day: _____   Date: _____ / _____ / _____

Today I am *Grateful* for _____

_____

_____

_____

_____

_____

"Amazement + Gratitude + Openness + Appreciation
= an irresistible field of energy" *Frederick Dodson*

Day: _____   Date: _____ / _____ / _____

Today I am *Grateful* for _____

_____

_____

_____

_____

_____

Day: _____ *Date:* _____ / _____ / _____

Today I am *Grateful* for _____

_____

_____

_____

_____

_____

_____

"Gratitude shouldn't be an occasional incident but a continuous attitude." *Anthony Nyuiemedy-Adiase*

Day: _____ *Date:* _____ / _____ / _____

Today I am *Grateful* for _____

_____

_____

_____

_____

_____

_____

Day: _____   Date: _____ / _____ / _____

Today I am *Grateful* for _____

_____

_____

_____

_____

_____

_____

"It is impossible to feel grateful and depressed
in the same moment." *Naomi Williams*

Day: _____   Date: _____ / _____ / _____

Today I am *Grateful* for _____

_____

_____

_____

_____

_____

Day: _____   Date: _____ / _____ / _____

Today I am *Grateful* for _____

_____

_____

_____

_____

_____

> "If you want to turn your life around, try thankfulness.
> It will change your life mightily." *Gerald Good*

Day: _____   Date: _____ / _____ / _____

Today I am *Grateful* for _____

_____

_____

_____

_____

_____

Day: _____ Date: _____ / _____ / _____

Today I am *Grateful* for _____

_____

_____

_____

_____

_____

"Gratitude and attitude are not challenges;
they are choices." *Robert Braathe*

Day: _____ Date: _____ / _____ / _____

Today I am *Grateful* for _____

_____

_____

_____

_____

_____

Day: _____ *Date:* _____ / _____ / _____

Today I am *Grateful* for _____

_____

_____

_____

_____

_____

_____

"Gratitude is when memory is stored in the heart
and not in the mind." *Lionel Hampton*

Day: _____ *Date:* _____ / _____ / _____

Today I am *Grateful* for _____

_____

_____

_____

_____

_____

Day: _____   Date: _____ / _____ / _____

Today I am *Grateful* for _____

_____

_____

_____

_____

_____

_____

"Gratitude is the vitamin of the soul."
Angie Karan Krezos

Day: _____   Date: _____ / _____ / _____

Today I am *Grateful* for _____

_____

_____

_____

_____

_____

_____

Day: _____   Date: _____ / _____ / _____

Today I am *Grateful* for _____

_____

_____

_____

_____

_____

_____

"If you count all your assets, you always show a profit."
Robert Quillen

Day: _____   Date: _____ / _____ / _____

Today I am *Grateful* for _____

_____

_____

_____

_____

_____

_____

Day: _____   Date: _____ / _____ / _____

Today I am *Grateful* for _____

_____

_____

_____

_____

_____

_____

"The best way to be positive and happy is
to be in gratitude all the time." *Vishwas Chavan*

Day: _____   Date: _____ / _____ / _____

Today I am *Grateful* for _____

_____

_____

_____

_____

_____

_____

Day: _____ Date: _____ / _____ / _____

Today I am *Grateful* for _____

_____

_____

_____

_____

_____

_____

> "Gratitude is not only the greatest of virtues,
> but the parent of all others." *Marcus Tullius Cicero*

Day: _____ Date: _____ / _____ / _____

Today I am *Grateful* for _____

_____

_____

_____

_____

_____

_____

Day: _____   *Date:* _____ / _____ / _____

Today I am *Grateful* for _____

_____

_____

_____

_____

_____

"God gave you a gift of 86,400 seconds today. Have you
used one to say thank you?" *William Arthur Ward*

Day: _____   *Date:* _____ / _____ / _____

Today I am *Grateful* for _____

_____

_____

_____

_____

_____

Day: _____ Date: _____ / _____ / _____

Today I am *Grateful* for _____

_____

_____

_____

_____

_____

_____

"Gratitude builds a bridge to abundance." *Roy Bennett*

Day: _____ Date: _____ / _____ / _____

Today I am *Grateful* for _____

_____

_____

_____

_____

_____

_____

Day: _____ Date: _____ / _____ / _____

Today I am *Grateful* for _____

_____

_____

_____

_____

_____

_____

"This is a wonderful day. I've never seen
this one before." *Maya Angelou*

Day: _____ Date: _____ / _____ / _____

Today I am *Grateful* for _____

_____

_____

_____

_____

_____

_____

Day: _____   Date: _____ / _____ / _____

Today I am *Grateful* for _____

_____

_____

_____

_____

_____

"When we give cheerfully and accept gratefully,
everyone is blessed." *Maya Angelou*

Day: _____   Date: _____ / _____ / _____

Today I am *Grateful* for _____

_____

_____

_____

_____

_____

Day: _____   Date: _____ / _____ / _____

Today I am *Grateful* for _____

_____

_____

_____

_____

_____

> "Enjoy the little things, for one day you may look back
> and realize they were the big things." *Robert Brault*

Day: _____   Date: _____ / _____ / _____

Today I am *Grateful* for _____

_____

_____

_____

_____

_____

Day: _____   Date: _____ / _____ / _____

Today I am *Grateful* for _____

_____

_____

_____

_____

_____

_____

"Gratitude, the ability to count your blessings, is the
ultimate way to connect with the heart." *Baptist de Pape*

Day: _____   Date: _____ / _____ / _____

Today I am *Grateful* for _____

_____

_____

_____

_____

_____

_____

Day: _____   Date: _____ / _____ / _____

Today I am *Grateful* for _____

_____

_____

_____

_____

_____

"If the only prayer you said was thank you,
that would be enough." *Meister Eckhart*

Day: _____   Date: _____ / _____ / _____

Today I am *Grateful* for _____

_____

_____

_____

_____

_____

Day: _____   *Date:* _____ / _____ / _____

Today I am *Grateful* for _____

_____

_____

_____

_____

_____

"The height of our success is marked at
the depth of our gratitude." *Terry Crouson*

Day: _____   *Date:* _____ / _____ / _____

Today I am *Grateful* for _____

_____

_____

_____

_____

_____

Day: _____   *Date:* _____ / _____ / _____

Today I am *Grateful* for _____

_____

_____

_____

_____

_____

_____

"When you are grateful, fear disappears and
abundance appears." *Anthony Robbins*

Day: _____   *Date:* _____ / _____ / _____

Today I am *Grateful* for _____

_____

_____

_____

_____

_____

_____

Day: _____   Date: _____ / _____ / _____

Today I am *Grateful* for _____

_____

_____

_____

_____

_____

_____

"Each moment of gratitude awareness reveals the
total beauty which surrounds you." *Bryant McGill*

Day: _____   Date: _____ / _____ / _____

Today I am *Grateful* for _____

_____

_____

_____

_____

_____

_____

Day: _____   Date: _____ / _____ / _____

Today I am *Grateful* for _____

_____

_____

_____

_____

_____

"The reason that so many fail to find happiness is that
they fail to find gratitude." *Rasheed Ogunlaru*

Day: _____   Date: _____ / _____ / _____

Today I am *Grateful* for _____

_____

_____

_____

_____

_____

Day: _____   Date: _____ / _____ / _____

Today I am *Grateful* for _____

_____

_____

_____

_____

_____

"Gratitude is the heart's first language." *Joey Garcia*

Day: _____   Date: _____ / _____ / _____

Today I am *Grateful* for _____

_____

_____

_____

_____

_____

Day: _____ *Date:* _____ / _____ / _____

Today I am *Grateful* for _____

_____

_____

_____

_____

_____

"The deepest craving of human nature is
the need to be appreciated." *William James*

Day: _____ *Date:* _____ / _____ / _____

Today I am *Grateful* for _____

_____

_____

_____

_____

_____

Day: _____ Date: _____ / _____ / _____

Today I am *Grateful* for _____

_____

_____

_____

_____

_____

_____

> "Whatever you appreciate and give thanks for
> will increase in your life." *Sanaya Roman*

Day: _____ Date: _____ / _____ / _____

Today I am *Grateful* for _____

_____

_____

_____

_____

_____

_____

Day: _____   Date: _____ / _____ / _____

Today I am *Grateful* for _____

_____

_____

_____

_____

_____

"When I started counting my blessings,
my whole life turned around." *Willie Nelson*

Day: _____   Date: _____ / _____ / _____

Today I am *Grateful* for _____

_____

_____

_____

_____

_____

Day: _____   Date: _____ / _____ / _____

Today I am *Grateful* for _____

_____

_____

_____

_____

_____

_____

"An attitude of gratitude brings great things."
Yogi Bhajan

Day: _____   Date: _____ / _____ / _____

Today I am *Grateful* for _____

_____

_____

_____

_____

_____

_____

Day: _____   Date: _____ / _____ / _____

Today I am *Grateful* for _____

_____

_____

_____

_____

_____

"Amazement + Gratitude + Openness + Appreciation
= an irresistible field of energy" *Frederick Dodson*

Day: _____   Date: _____ / _____ / _____

Today I am *Grateful* for _____

_____

_____

_____

_____

_____

Day: _____   *Date:* _____ / _____ / _____

Today I am *Grateful* for _____

_____

_____

_____

_____

_____

"Gratitude shouldn't be an occasional incident but a
continuous attitude." *Anthony Nyuiemedy-Adiase*

Day: _____   *Date:* _____ / _____ / _____

Today I am *Grateful* for _____

_____

_____

_____

_____

_____

Day: _____   Date: _____ / _____ / _____

Today I am *Grateful* for _____

_____

_____

_____

_____

_____

"It is impossible to feel grateful and depressed
in the same moment." *Naomi Williams*

Day: _____   Date: _____ / _____ / _____

Today I am *Grateful* for _____

_____

_____

_____

_____

_____

Day: _____ Date: _____ / _____ / _____

Today I am *Grateful* for _____

_____

_____

_____

_____

_____

_____

"If you want to turn your life around, try thankfulness.
It will change your life mightily." *Gerald Good*

Day: _____ Date: _____ / _____ / _____

Today I am *Grateful* for _____

_____

_____

_____

_____

_____

_____

Day: _____   *Date:* _____ / _____ / _____

Today I am *Grateful* for _____

_____

_____

_____

_____

_____

"Gratitude and attitude are not challenges;
they are choices." *Robert Braathe*

Day: _____   *Date:* _____ / _____ / _____

Today I am *Grateful* for _____

_____

_____

_____

_____

_____

Day: _____   Date: _____ / _____ / _____

Today I am *Grateful* for _____

_____

_____

_____

_____

_____

"Gratitude is when memory is stored in the heart
and not in the mind." *Lionel Hampton*

Day: _____   Date: _____ / _____ / _____

Today I am *Grateful* for _____

_____

_____

_____

_____

_____

Day: _____ Date: _____ / _____ / _____

Today I am *Grateful* for _____

_____

_____

_____

_____

_____

"Gratitude is the vitamin of the soul."
Angie Karan Krezos

Day: _____ Date: _____ / _____ / _____

Today I am *Grateful* for _____

_____

_____

_____

_____

_____

Day: _____   Date: _____ / _____ / _____

Today I am *Grateful* for _____

_____

_____

_____

_____

_____

_____

"If you count all your assets, you always show a profit."
Robert Quillen

Day: _____   Date: _____ / _____ / _____

Today I am *Grateful* for _____

_____

_____

_____

_____

_____

_____

Day: _____ Date: _____ / _____ / _____

Today I am *Grateful* for _____

_____

_____

_____

_____

_____

Day: _____ Date: _____ / _____ / _____

Today I am *Grateful* for _____

_____

_____

_____

_____

_____

Day: _____   Date: _____ / _____ / _____

Today I am *Grateful* for _____

_____

_____

_____

_____

_____

_____

"Gratitude is not only the greatest of virtues,
but the parent of all others." *Marcus Tullius Cicero*

Day: _____   Date: _____ / _____ / _____

Today I am *Grateful* for _____

_____

_____

_____

_____

_____

Day: _____   Date: _____ / _____ / _____

Today I am *Grateful* for _____

_____

_____

_____

_____

_____

_____

"God gave you a gift of 86,400 seconds today. Have you
used one to say thank you?" *William Arthur Ward*

Day: _____   Date: _____ / _____ / _____

Today I am *Grateful* for _____

_____

_____

_____

_____

_____

Day: _____   Date: _____ / _____ / _____

Today I am *Grateful* for _____

_____

_____

_____

_____

_____

_____

"Gratitude builds a bridge to abundance." *Roy Bennett*

Day: _____   Date: _____ / _____ / _____

Today I am *Grateful* for _____

_____

_____

_____

_____

_____

_____

Day: _____ Date: _____ / _____ / _____

Today I am *Grateful* for _____

_____

_____

_____

_____

_____

"This is a wonderful day. I've never seen
this one before." *Maya Angelou*

Day: _____ Date: _____ / _____ / _____

Today I am *Grateful* for _____

_____

_____

_____

_____

_____

Day: _____ Date: _____ / _____ / _____

Today I am *Grateful* for _____

_____

_____

_____

_____

_____

_____

"Enjoy the little things, for one day you may look back
and realize they were the big things." *Robert Brault*

Day: _____ Date: _____ / _____ / _____

Today I am *Grateful* for _____

_____

_____

_____

_____

_____

_____

Day: _____   Date: _____ / _____ / _____

Today I am *Grateful* for _____

_____

_____

_____

_____

_____

"Gratitude, the ability to count your blessings, is the
ultimate way to connect with the heart." *Baptist de Pape*

Day: _____   Date: _____ / _____ / _____

Today I am *Grateful* for _____

_____

_____

_____

_____

_____

Day: _____ *Date:* _____ / _____ / _____

Today I am *Grateful* for _____

_____

_____

_____

_____

_____

"If the only prayer you said was thank you,
that would be enough." *Meister Eckhart*

Day: _____ *Date:* _____ / _____ / _____

Today I am *Grateful* for _____

_____

_____

_____

_____

_____

Day: _____   Date: _____ / _____ / _____

Today I am *Grateful* for _____

_____

_____

_____

_____

_____

"The height of our success is marked at
the depth of our gratitude." *Terry Crouson*

Day: _____   Date: _____ / _____ / _____

Today I am *Grateful* for _____

_____

_____

_____

_____

_____

Day: _____ Date: _____ / _____ / _____

Today I am *Grateful* for _____

_____

_____

_____

_____

_____

"When you are grateful, fear disappears and
abundance appears." *Anthony Robbins*

Day: _____ Date: _____ / _____ / _____

Today I am *Grateful* for _____

_____

_____

_____

_____

_____

Day: _____   *Date:* _____ / _____ / _____

Today I am *Grateful* for _____

_____

_____

_____

_____

_____

"Each moment of gratitude awareness reveals the
total beauty which surrounds you." *Bryant McGill*

Day: _____   *Date:* _____ / _____ / _____

Today I am *Grateful* for _____

_____

_____

_____

_____

_____

Day: _____   Date: _____ / _____ / _____

Today I am *Grateful* for _____

_____

_____

_____

_____

_____

_____

"The reason that so many fail to find happiness is that
they fail to find gratitude." *Rasheed Ogunlaru*

Day: _____   Date: _____ / _____ / _____

Today I am *Grateful* for _____

_____

_____

_____

_____

_____

_____

Day: _____   Date: _____ / _____ / _____

Today I am *Grateful* for _____

_____

_____

_____

_____

_____

"Gratitude is the heart's first language." *Joey Garcia*

Day: _____   Date: _____ / _____ / _____

Today I am *Grateful* for _____

_____

_____

_____

_____

_____

Day: _____ Date: _____ / _____ / _____

Today I am *Grateful* for _____

_____

_____

_____

_____

_____

"The deepest craving of human nature is
the need to be appreciated." *William James*

Day: _____ Date: _____ / _____ / _____

Today I am *Grateful* for _____

_____

_____

_____

_____

_____

Day: _____   Date: _____ / _____ / _____

Today I am *Grateful* for _____

_____

_____

_____

_____

_____

_____

> "Whatever you appreciate and give thanks for
> will increase in your life." *Sanaya Roman*

Day: _____   Date: _____ / _____ / _____

Today I am *Grateful* for _____

_____

_____

_____

_____

_____

Day: _____   *Date:* _____ / _____ / _____

Today I am *Grateful* for _____

_____

_____

_____

_____

_____

_____

"When I started counting my blessings,
my whole life turned around." *Willie Nelson*

Day: _____   *Date:* _____ / _____ / _____

Today I am *Grateful* for _____

_____

_____

_____

_____

_____

_____

Day: _____   *Date:* _____ / _____ / _____

Today I am *Grateful* for _____

_____

_____

_____

_____

_____

_____

> "An attitude of gratitude brings great things."
> *Yogi Bhajan*

Day: _____   *Date:* _____ / _____ / _____

Today I am *Grateful* for _____

_____

_____

_____

_____

_____

_____

Day: _____   Date: _____ / _____ / _____

Today I am *Grateful* for _____

_____

_____

_____

_____

_____

_____

"Amazement + Gratitude + Openness + Appreciation
= an irresistible field of energy" *Frederick Dodson*

Day: _____   Date: _____ / _____ / _____

Today I am *Grateful* for _____

_____

_____

_____

_____

_____

_____

Day: _____   *Date:* _____ / _____ / _____

Today I am *Grateful* for _____

_____

_____

_____

_____

_____

"Gratitude shouldn't be an occasional incident but a
continuous attitude." *Anthony Nyuiemedy-Adiase*

Day: _____   *Date:* _____ / _____ / _____

Today I am *Grateful* for _____

_____

_____

_____

_____

_____

Day: _____   Date: _____ / _____ / _____

Today I am *Grateful* for _____

_____

_____

_____

_____

_____

_____

"It is impossible to feel grateful and depressed
in the same moment." *Naomi Williams*

Day: _____   Date: _____ / _____ / _____

Today I am *Grateful* for _____

_____

_____

_____

_____

_____

_____

Day: _____   Date: _____ / _____ / _____

Today I am *Grateful* for _____

_____

_____

_____

_____

_____

_____

> "If you want to turn your life around, try thankfulness.
> It will change your life mightily." *Gerald Good*

Day: _____   Date: _____ / _____ / _____

Today I am *Grateful* for _____

_____

_____

_____

_____

_____

Day: _____   Date: _____ / _____ / _____

Today I am *Grateful* for _____

_____

_____

_____

_____

_____

_____

"Gratitude and attitude are not challenges;
they are choices." *Robert Braathe*

Day: _____   Date: _____ / _____ / _____

Today I am *Grateful* for _____

_____

_____

_____

_____

_____

_____

Day: _____   Date: _____ / _____ / _____

Today I am *Grateful* for _____

_____

_____

_____

_____

_____

> "Gratitude is when memory is stored in the heart
> and not in the mind." *Lionel Hampton*

Day: _____   Date: _____ / _____ / _____

Today I am *Grateful* for _____

_____

_____

_____

_____

_____

Day: _____   *Date:* _____ / _____ / _____

Today I am *Grateful* for _____

_____

_____

_____

_____

_____

_____

"Gratitude is the vitamin of the soul."
Angie Karan Krezos

Day: _____   *Date:* _____ / _____ / _____

Today I am *Grateful* for _____

_____

_____

_____

_____

_____

_____

Day: _____ Date: _____ / _____ / _____

Today I am *Grateful* for _____

_____

_____

_____

_____

_____

"If you count all your assets, you always show a profit."
Robert Quillen

Day: _____ Date: _____ / _____ / _____

Today I am *Grateful* for _____

_____

_____

_____

_____

_____

Day: _____   *Date:* _____ / _____ / _____

Today I am *Grateful* for _____

_____

_____

_____

_____

_____

"The best way to be positive and happy is
to be in gratitude all the time." *Vishwas Chavan*

Day: _____   *Date:* _____ / _____ / _____

Today I am *Grateful* for _____

_____

_____

_____

_____

_____

Day: _____   Date: _____ / _____ / _____

Today I am *Grateful* for _____

_____

_____

_____

_____

_____

"Gratitude is not only the greatest of virtues,
but the parent of all others." *Marcus Tullius Cicero*

Day: _____   Date: _____ / _____ / _____

Today I am *Grateful* for _____

_____

_____

_____

_____

_____

Day: _____ Date: _____ / _____ / _____

Today I am *Grateful* for _____

_____

_____

_____

_____

_____

_____

"God gave you a gift of 86,400 seconds today. Have you
used one to say thank you?" *William Arthur Ward*

Day: _____ Date: _____ / _____ / _____

Today I am *Grateful* for _____

_____

_____

_____

_____

_____

Day: _____   Date: _____ / _____ / _____

Today I am *Grateful* for _____

_____

_____

_____

_____

_____

"Gratitude builds a bridge to abundance." *Roy Bennett*

Day: _____   Date: _____ / _____ / _____

Today I am *Grateful* for _____

_____

_____

_____

_____

_____

Day: _____   Date: _____ / _____ / _____

Today I am *Grateful* for _____

_____

_____

_____

_____

_____

"This is a wonderful day. I've never seen
this one before." *Maya Angelou*

Day: _____   Date: _____ / _____ / _____

Today I am *Grateful* for _____

_____

_____

_____

_____

_____

Day: _____ Date: _____ / _____ / _____

Today I am *Grateful* for _____

_____

_____

_____

_____

_____

"The height of our success is marked at
the depth of our gratitude." *Terry Crouson*

Day: _____ Date: _____ / _____ / _____

Today I am *Grateful* for _____

_____

_____

_____

_____

_____

Day: _____ Date: _____ / _____ / _____

Today I am *Grateful* for _____

_____

_____

_____

_____

_____

"When you are grateful, fear disappears and
abundance appears." *Anthony Robbins*

Day: _____ Date: _____ / _____ / _____

Today I am *Grateful* for _____

_____

_____

_____

_____

Achieve greater levels of success with one or both of these personal growth manuals from the *Think · Act · Succeed* series available from amazon.com and other retailers:

Do you need another Gratitude Journal? Want to give one as a gift? Please consider one of our options available at amazon.com and other retailers:

"An Attitude of Gratitude". "Practice Gratitude", "The Gratitude Journal", "The Power of Appreciation", "Gratitude Diary" & more

Made in the USA
San Bernardino, CA
04 December 2016